EXHORTATION
A TOUS LES PRÊTRES
ET
FIDÈLES DE L'ÉGLISE CATHOLIQUE

Pour les tems de persécution,

Avec des notes essentielles sur la souveraineté des Rois.

» Comme nous sommes menacés d'une » grande persécution, écrivoit St-Cyprien à » un de ses amis, je vous adresse quelques » exhortations puissantes que j'ai tirées des » saintes écritures pour fortifier l'esprit de » nos frères, & pour animer au combat les » soldats de Jésus-Christ : qu'ils les considè- » rent comme les trompettes & les clairons

» de l'armée de Dieu, & qu'ils s'en servent » pour préparer le corps & l'esprit aux souf- » frances (1) «.

Tel est encore le langage que nous adressons aujourdhui à tous les prêtres & fidèles de l'église catholique. Autant de genres de persécution on leur fait éprouver, autant d'armes salutaires nous allons leur offrir. Tout autre discours est désormais inutile. Mille fois & mille fois il a été démontré aux assemblées qui se disent nationales qu'elles avoient renversé l'autorité de l'église, détruit sa discipline, insulté à sa foi ; & nulle considération n'a pu les détourner de leurs sacriléges entreprises. C'est envain que Rome a parlé; c'est envain que la France catholique s'est écriée : *Jugez vous-mêmes s'il est juste d'obéir aux hommes plutôt qu'à Dieu* (2); redoublant de haine & d'intolérance, à mesure que nous redoublions de zèle & de fidélité, elles n'ont répondu à nos consciences que par des outrages & des blasphêmes. Et les voilà ces cruels ennemis de notre religion sainte qui nous poursuivent encore par des lois plus injustes que les premières. Mais il

---

(1) Exhort. ad martyr... — (2) Act. apost. 4. 19.

eſt un triomphe que nous les défions de nous diſputer, & dont ils n'oſeront peut-être pas couronner nos derniers inſtans : c'eſt le courage de braver leur fureur & de vaincre leur impiété par la conſtance de notre foi. Heureux ſi nous pouvons par cet écrit ſervir d'inſtrument à la grace, & en obtenir pour nous les précieux effets !

Il eſt vrai que le Monarque s'eſt oppoſé à l'exécution de ces lois barbares. Mais le Monarque, enſeveli depuis long-tems dans les débris de ſon trône, eſt-il reſpecté lui-même ? Sa voix paternelle n'eſt-elle pas étouffée par des cris, des motions, des pétitions ſacriléges ? toutes les fureurs populaires ne retentiſſent-elles pas juſque dans l'enceinte de nos prétendus légiſlateurs, & couvertes des applaudiſſemens d'une multitude égarée n'annoncent-elles pas la durée du délire national ? Qu'on cite un ſeul département où l'on ne trouve pas quelques prêtres perſécutés par des outrages, des empriſonnemens, des exils, des refus & des retards affectés de ſubſiſtance, ou qui ne ſoient pas expoſés au moindre bruit, à être victimes de la prévention, de la haine & de la calomnie ? Qui pourroit répondre enfin que la ſanction refuſée à ces décrets par la juſtice du Roi, ne lui sera pas un jour arrachée par la force?

Ecoutez donc, ministres des autels, toutes les loix de sang & de mort décernées contre vous.

I°. SI VOUS NE PRÊTEZ PAS LE SERMENT APPELLÉ CIVIQUE, ce serment qui vous est interdit par la loi de Dieu, par l'église & par votre conscience, VOUS NE POURREZ TOUCHER, RECLAMER, NI OBTENIR AUCUNE PENSION, AUCUN TRAITEMENT SUR LE TRÉSOR PUBLIC (1).

Sans doute les tyrans de la patrie vous placent ici entre le parjure & la faim. Sans doute ils se parjurent les premiers en foulant aux pieds des décrets dont ils avoient promis tous ensemble, par un serment solemnel, l'entière exécution, & qui vous assuroient sur le reste de vos dépouilles un traitement *qui ne pourroit être refusé, ni suspendu sous aucun prétexte* (2).

Mais dans cette cruelle alternative n'entendez-vous pas la religion qui vous demande avec tout l'intérêt de la tendresse allarmée :

---

(1) Décret du mois de novembre 1791, sur le clergé, art. IV. — (2) Constitution françoise, tit. V. art. 2.

» Qui pourroit vous séparer de la charité » de Jésus-Christ? Seroit-ce la misère, la » faim, la nudité (1) « ? Voudriez-vous conserver votre vie par un crime, & perdre votre ame pour sauver votre corps? » Voudriez-vous par la crainte inutile d'une mort » qu'il faut subir tôt ou tard, vous fermer » l'entrée de l'heureux séjour où l'on possède une vie qui ne finit point (2) « ?

Votre position est affreuse, je le sais. Le combat est terrible. Mais la vérité dont la défense vous est commise ! mais le schisme établi si vous succombez ! mais le salut ou la perte des fidèles qui attendent votre exemple pour se soutenir dans la foi, ou se précipiter dans l'erreur ! mais les remords qui empoisonneroient le reste de vos jours ! mais l'opprobre de l'apostasie, ou la crainte d'un endurcissement plus funeste encore ! mais les avantages de la fidélité ! mais les biens éternels dont vous serez rassasiés, si vous sacrifiez à Dieu toutes les jouissances de cette vie ! » Que de feux allumés pour embraser votre foi, comme le dit St Cyprien (3) « ? Que de motifs pour résister à des enne-

(1) Ad rom. 8. 5. — (2) Aug. Epist. 127.

(3) Epist. 24.

mis qui seront vaincus en cela même que vous ne leur aurez pas cédé ?

Voyez Achatius, ce célèbre pontife du troisième siècle. » *Ou sacrifie ou meurs*, lui » disoit le consulaire Marcien. Ainsi font les » voleurs de Dalmatie, répondit le coura- » geux évêque, quand ils rencontrent un » voyageur dans un passage étroit. Nulle » autre composition avec eux que l'argent » ou la vie. Mais ordonnez tout ce qu'il vous » plaira. Je ne renierai pas le Dieu tout puis- » sant, le Dieu éternel, pour reconnoître ceux » que vous avez faits (1) «.

Le parjure ou la faim ! ah ! ce sort est effrayant, je le répète, & il faut de votre part autant de fermeté dans la foi pour en braver la rigueur, qu'il a fallu de férocité dans le cœur de vos ennemis pour en faire une loi. » Car ceux- » là sont plus heureux qui périssent par l'épée, » comme le dit un prophète, que ceux qui » meurent par les lenteurs de la famine (2) «. Mais le pain que vous auriez obtenu par un serment criminel seroit-il plus pur que le pain qu'on avoit offert aux idoles, qu'on présentoit ensuite à des chrétiens enfermés

(1) Hist. eccléf. de Fleury. liv. 6. — (2) Jerem. 49.

dans de fombres cachots, privés de toute autre nourriture, & qu'ils rejettoient avec horreur ?

Croyez-vous d'ailleurs que le *Père célefte qui nourrit les oifeaux du ciel*, ne daignera pas conferver vos jours par quelques moyens qui vous font cachés à préfent, *fi votre ame vous eft plus précieufe que la nourriture* (1) ? Croyez-vous que tous les cœurs feront fermés pour vous à la charité ? » Et fi un » ferviteur fidèle doit plutôt fouffrir une » mort certaine que de prononcer un ferment » criminel, comme le dit St Auguftin (2) «, à plus forte raifon ne doit-il pas s'y refufer quand les tréfors de la Providence & le cœur des vrais chrétiens lui laiffent encore des efpérances & des reffources ?

Mais enfin cette vie qu'on veut nous faire acheter aux dépens de l'honneur & du devoir, quel prix y attachez-vous ? quels font les avantages qu'elle nous offre ? eft-ce le fpectacle de toutes les injuftices, de toutes les atrocités, de toutes les abominations qui font devenues les mœurs & les lois de ce malheureux Empire ? eft-ce l'habitude d'y

(1) Math. 6. 25. — (2) Epift. 125.

voir » un peuple innombrable dans le tu-
» multe & l'insurrection ? l'ami déclaré contre
» l'ami ? l'enfant contre le vieillard ? les plus
» ignobles des hommes outrageant impuné-
» ment les plus distingués (1) ? Toutes
» les pierres du sanctuaire dispersées (2) ?
» toutes les bergeries remplies de pasteurs
» qui ne sont venus que pour voler, pour
» égorger & pour perdre (3) ? tous les
» autels environnés de Coré, de Dathan &
» d'Abiron ? mille & mille voix profanes
» s'emparant du droit d'annoncer la parole
» de Dieu pour la corrompre (4) ? tout ce
» que nous avions de saint, de beau &
» d'éclatant profané (5) ? tous les vases con-
» sacrés à la gloire de Dieu enlevés & ravis
» par la force, comme des captifs qu'on
» emmène dans une terre étrangère (6) ? de
» nouveaux Jason achetant le pontificat par
» l'apostasie, poussant l'impudence jusqu'à
» dénoncer comme traîtres à la patrie les
» fidèles Onias qu'ils en dépouillent, &
» quelques uns d'entre-eux, comme d'autres

---

(1) Isa. 3. 5. — (2) Jer. 4. 1. — (3) Joan. 10. 10. (4) 2. cor. 2. 17. — (5) 1. Mach. 2. 12. — (6) 1. Mach. 2. 9.

» Ménélaüs, n'apportant à cette dignité que
» le cœur d'un cruel tyran & la colère d'une
» bête farouche (1) « ? Ah ! si la religion ne nous commandoit la patience, combien de fois au contraire chacun de nous se seroit écrié avec le célèbre Mathias : » malheur à
» moi ! suis-je donc né pour voir l'affliction
» du peuple fidèle & le renversement de la
» ville sainte (2) « ? Mais *nous ne devons être ni surpris, ni abattus, quand il nous arrive quelque grande affliction* (3). » Nous ne sommes
» point enrôlés pour refuser le combat, &
» puisque nous devons mourir une fois, mou-
» rons pour devenir immortels (4).

Tel est le premier genre de persécution qui vous fut préparé par des hommes qui se disent vos compatriotes, vos amis, vos frères, les défenseurs de la liberté; par des hommes que vous aviez élevés peut-être dans les principes de la foi, & qui sont devenus tout-à-coup les plus hardis sectateurs de cette extravagante impiété qui *s'est allumée comme un feu*, selon l'expression de l'écriture, *s'embrasant comme dans l'épaisseur d'une forêt & qui*

---

(1) 2. Mach. 4. 25. — (2) 1. Mach. 2. 7. — (3) 1. Petr. 4. 12. — (4) St. Cypr. Epist. 55.

ne pouſſe en haut que des tourbillons de fumée (1). Image trop fidèle de ſes progrès, de ſes ravages, de ſes ruines parmi nous & des ténèbres dont elle a couvert ces régions infortunées.

Mais ce n'eſt pas aſſez pour aſſouvir leur haine contre les apôtres de l'unité catholique. Comme s'ils craignoient que vous n'échappiez à la faim par des reſſources qui ne ſont pas de leur dépendance, ils ſe ménagent d'autres moyens de vous tourmenter.

II°. AU PREMIER TROUBLE QUI SURVIENDRA, DANS LE LIEU QUE VOUS HABITEZ, VOUS SEREZ SOUPÇONNÉ D'EN ETRE LES AUTEURS ET COMME TELS POURSUIVIS DEVANT LES TRIBUNAUX (2).

Quelle police, grand Dieu! préſumer le crime avant qu'il exiſte! en accuſer des hommes tranquilles peut être dans leurs foyers, au moment qu'il ſe commet ailleurs, ſans autre preuve contre eux que le refus d'être infidèles aux devoirs de leur état! de quel code barbare a-t-on donc emprunté cette

(1) Iſa. 9. 18. — (2) Décret déja cité, art. VI.

loi ? & comment dans une aſſemblée de 700 hommes la majeure partie a-t-elle pu l'adopter ? qu'étoient donc devenues alors la justice, la raiſon & l'humanité ?

N'importe. Toutes les perſécutions ſont prédites aux chrétiens. Leur chef adorable les a ſouffertes le premier, & ſon exemple comme ſes préceptes leur offrent encore dans cette occurrence malheureuſe des règles de conduite.

» Si le monde vous hait, dit Jéſus-Chriſt,
» ſachez qu'il m'a haï avant vous. Le ſer-
» viteur n'eſt pas plus grand que le maître (1).
» Mais lorſqu'on vous mènera devant les
» magiſtrats & les puiſſances, ne vous mettez
» point en peine comment vous vous défen-
» drez, ni de ce que vous leur direz ; car
» le Saint-Eſprit vous enſeignera à cette heure-
» là même, ce qu'il faudra que vous di-
» ſiez (2) «.

Laiſſez donc agir tous les factieux déchaînés contre votre fidélité à la loi divine, tous leurs correſpondans en violences, en ſéditions, en calomnies, & paroiſſez devant les tribunaux de la terre, ſans crainte, ſans

(1) Joan. 15. 18. — (2) Luc. 12. 11.

murmure ; avec autant de prudence que de ſimplicité, *comme des brebis au milieu des loups* (1). Sans doute la connoiſſance de notre foibleſſe ne ſerviroit qu'à nous déſeſpérer, ſi Jéſus-Chriſt ne nous promettoit que ſon eſprit ſuppléera à tout. Mais il n'y a ni ſurpriſe, ni défaut de talent, ni ignorance qui puiſſe nuire à la cauſe de la vérité dans un cœur qui eſt prêt à la ſoutenir.

C'eſt ainſi que vous allez entendre ſaint Chriſoſtôme développer cette promeſſe évangélique.

» Quand nous n'avons à diſputer qu'avec » nos amis, dit cet éloquent pontife, il » ſemble que Dieu nous laiſſe à nous, & » qu'il veut que nous nous mettions nous-» mêmes en peine de ce que nous pouvons » dire. Mais quand nous ſommes devant le » tribunal d'un juge ſévère, environnés d'une » populace furieuſe, & que tout eſt capable » de nous frapper de terreur, il nous aſſiſte » alors de la force pour être fermes de cœur » & d'eſprit, & pour répondre avec har-» dieſſe, ſans bleſſer en rien ni la vérité,

(1) Math. 10. 16.

» ni la justice..... Voyez les apôtres. On » ne pouvoit souffrir qu'ils parlassent pour » se justifier & pour défendre la vérité de » leur doctrine. On les regardoit comme des » corrupteurs qu'il falloit exterminer & con- » damner aux plus effroyables supplices. *Voilà*, » disoient-ils, *ces personnes qui troublent toute* » *la terre, ces séditieux qui ont osé parler contre* » *les édits de César, en appellant Jésus-Christ* » *Roi.* Ainsi les juges étoient prévenus contre » eux par de fausses impressions, & il étoit » besoin d'avoir une force & une lumière » toute divine pour persuader ces deux cho- » ses : l'une, que la doctrine qu'ils prêchoient » étoit véritable, & l'autre, qu'elle n'étoit » point contraire aux loix civiles & aux in- » térêts de l'état. Cependant nous savons » avec quelle sagesse ils se sont conduits dans » de semblables rencontres. Nous savons » qu'ils se sont purgés de toutes ces fausses ac- » cusations, que le monde a reconnu qu'ils » étoient les sauveurs de la terre, les bien- » faiteurs, les pères communs de tous les » hommes, & qu'ils se sont acquis cette ré- » putation par leurs longs travaux & par une » extrême patience (1) «.

(1) Serm. 33.

Oh ! que nous ſerions heureux, ſi un pareil triomphe nous étoit réſervé ! quelle douce conſolation ſuccéderoit à nos malheurs, ſi après *nous être comportés comme des miniſtres de Dieu, dans les néceſſités préſentes, dans les ſéditions, parmi l'honneur & l'ignominie, parmi la bonne & la mauvaiſe réputation* (1), nous avions détrompé ce peuple égaré qui nous accuſe d'être ſes ennemis, qui nous impute tous les attentats qu'on lui fait commettre à lui-même contre nos perſonnes, nos droits, notre repos & notre liberté ! débarraſſé alors du funeſte bandeau que la prévention & le délire ont placé ſur ſa raiſon par les mains du fanatiſme philoſophique, il ne diroit plus que nous avons rejetté le ſerment appellé *civique* pour conſerver nos poſſeſſions temporelles, tandis que nous avons perdu nos fortunes & nos places, en refuſant de nous y ſoumettre. Il verroit que nous n'avons penſé qu'à ſon ſalut & au nôtre, en combattant pour la foi catholique. Il verroit que ſi nous n'étions attachés qu'aux dignités de la terre, nous en aurions acheté quelques-unes par une baſſe complaiſance pour nos ſpoliateurs, &

(1) 2. Cor. 5. 4.

que nous aurions flatté ses propres passions pour éviter sa fureur & ses outrages. Il verroit que *nous n'avons fait tort à personne, que nous n'avons corrompu l'esprit de personne, que nous n'avons pris le bien de personne* (1); mais que nous avons tout bravé, que nous nous sommes exposés à manquer de tout, malgré l'habitude d'une vie plus commode, malgré le grand âge d'un grand nombre d'entre nous, malgré l'impossibilité de sortir de l'état que nous avons embrassés sous la garantie de la loi, & de nous livrer à d'autres fonctions dans l'ordre civil. Il verroit en un mot que notre conduite est conforme à nos devoirs; & il sauroit distinguer l'église de Jésus-Christ de cette église *constitutionnelle*, fondée sur le mensonge & l'usurpation, établie par la violence, toute couverte de mépris, *séparée par elle-même de l'esprit de Dieu* (2), ne distribuant que le sacrilége & la mort, & dont l'impiété ne se sert que comme d'un masque qu'elle jettera loin d'elle, dès qu'elle pourra paroître avec toute l'assurance & l'audace qui lui sont propres.

Mais en attendant tout ce que la Provi-

(1) 2. Cor. 7. 2. — (2) Jud. 19.

dence voudra permettre ou diriger ſur ces évènemens, examinons encore comment vous devez ſoutenir les autres genres de perſécution dont vous êtes menacés.

III°. S'IL SURVIENT QUELQUES TROUBLES DANS LE LIEU QUE VOUS HABITEZ ET DONT LES OPINIONS RELIGIEUSES SOIENT LA CAUSE, VOUS EN SEREZ ÉLOIGNÉS PROVISOIREMENT (1).

C'eſt-à-dire que ſi dans le lieu de votre demeure, il ſe trouve un de ces méchans *qui ont en abomination tous ceux qui ne parlent que dans la droiture & la vérité* (2), qu'orateur de carrefours & de places publiques il raſſemble autour de lui une populace crédule & groſſière, qu'un ſeul mot de religion ſorte de ſa bouche ſacrilége, & qu'il excite de la rumeur dans des eſprits d'autant plus faciles à ſéduire qu'ils ſont plus ignorans & plus craintifs, vous ſeuls ſerez coupables des intentions comme des effets de ſes diſcours ſéditieux; & à l'inſtant, ſans enquête, ſans examen, ſans preuve, vous ſerez arrachés de votre aſyle pour être conduits, en quel lieu? Par-tout où il plaira à des hom-

(1) Décret déjà cité. — (2) Amos 5. 10.

mes qui ont juré de maintenir les lois schismatiques que vous réprouvez, qui ont fait preuve de zèle dans la subversion scandaleuse du trône & de l'autel, & qui sont nécessairement remplis de prévention contre vous, si ce n'est de malice & de haine. De quelle manière encore serez-vous expulsés de votre résidence? Sans doute au milieu d'une cohorte armée. Sans doute à travers les huées & les injures de ces prétendus *citoyens*, enfantés par l'esprit de révolte, toujours prêts à se couvrir de sang pour manifester leur *patriotisme*, depuis que les assassinats & les incendies justifiés ou excusés par ceux là mêmes qui ont prétendu nous donner des lois sociales, sont devenus des *vertus civiques*, & que parmi nous *tout se tourne à l'infamie*, selon l'expression de saint Chrisostôme (1). Mais pour combien de tems enfin serez-vous exilés? Autant qu'il conviendra à vos persécuteurs. Car ici tout est à leur disposition. Tout est arbitraire. Nul terme n'est fixé. Nulle sûreté promise. Nul refuge assigné, & il pourroit arriver que *poursuivis jusque sur les montagnes, environnés de piéges jusque dans les dé-*

(1) Serm.

serts (1), vous ne trouviez pas même un lieu pour reposer votre tête. Trop heureux encore si, comme saint Chrisostôme, vous ne rencontrez pas sur votre route de nouveaux *Pharétrius* qui vous forcent à fuir, à travers les ténèbres de la nuit, par des chemins affreux; & malgré les maladies qui auroient pu vous survenir (*). Car, on le sait, ce sont les faux pontifes & les faux pasteurs qui, très-souvent, excitent des séditions contre les véritables.

Mais voici ce que Jésus-Christ vous fait

---

(1) Jer. Lam. 4. 19.

(*) Saint Chrisostôme, envoyé en exil dans une petite ville d'Arménie, se trouvant forcé par une fièvre violente de s'arrêter à Césarée, Pharétrius, évêque schismatique, jaloux des égards qu'on y témoignoit à ce saint pontife, suscita une sédition pour l'en faire sortir. Une dame chrétienne, touchée de la violence qu'il éprouvoit, le fit prier de se retirer dans sa maison de campagne, & donna des ordres pour qu'il y reçût tous les soulagemens & toute la sûreté qu'il pouvoit desirer. Mais l'impitoyable Pharétrius l'ayant appris, le força encore d'en sortir au milieu de la nuit & de fuir les barbares, dont on le menaçoit, par un chemin très-rude, où il fut renversé de sa litière. — *Hist. ecclés. de Fleury. liv.* 21.

entendre pour vous consoler & vous soutenir dans vos séparations les plus cruelles : » Vous serez bien heureux lorsque les hommes vous sépareront, vous traiteront injurieusement, & qu'ils rejetteront votre nom » comme mauvais à cause du fils de l'homme. » Réjouissez-vous en ce jour là & tressaillez » de joie, parce qu'une grande récompense » vous est réservée dans le Ciel (1) «.

Certes il est triste de rompre tous les liens du sang & de l'amitié, de s'arracher brusquement à des habitudes innocentes & tranquilles, à la douce satisfaction peut-être d'une vie laborieuse & d'un travail utile, pour errer au gré d'une multitude insensée. Mais l'amour que nous devons à Jésus Christ ne doit il pas l'emporter sur tout autre attachement ? mais *celui qui aimeroit son père & sa mère plus que Jésus-Christ ne seroit-il pas indigne de lui* (2) ? mais la terre n'est-elle pas au seigneur, comme le dit saint Chrisostôme ? ne le trouve t-on pas par-tout ? & quand on est séparé des choses terrestes pour le servir, déjà n'est-on pas étranger à son pays, demande saint Cyprien.

(1) Luc. 6. 22. — (2) Math. 10. 27.

» Que personne, continue cet illustre martyr, ne soit donc épouvanté de l'horreur » de la solitude où il sera contraint de se » retirer. Celui-là n'est pas seul que Jésus-» Christ accompagne, celui-là n'est pas seul » qui conservant le temple de Dieu, n'est » point sans Dieu quelque part où il soit; » & quand s'enfuyant dans les montagnes, il » seroit tué par des voleurs; ou déchiré par » des bêtes féroces; ou qu'il mourroit de » faim, de soif & de froid; ou que montant » sur la mer il seroit submergé par la tem-» pête, Jésus-Christ regarde par-tout com-» battre son soldat & lui donne après sa » mort la même récompense qu'il a promise » à ceux qui meurent pour la défense de » son nom. La gloire du martyr n'est pas » moindre pour ne pas mourir publiquement, » lorsque c'est pour Jésus-Christ qu'on meurt. » Un martyr n'a pas besoin d'autres témoins » que de celui qui éprouve & couronne » les martyrs (1) «.

En est-ce assez pour la fureur de vos ennemis? seront-ils satisfaits s'ils vous

(1) Epist. 55.

forcent à une vie errante & fugitive ? Non. Il faut à leurs regards avides de malheurs, des victimes toujours présentes & chargées de fers. On a vu des martyrs lasser la rage de leurs bourreaux, & par une patience admirable les convertir à la foi. Mais aujourd'hui plus vous montrez de fermeté & d'innocence à vos persécuteurs, plus il redoublent de haine & de violence contre vous. Lâches déserteurs de la foi de nos pères, vils parjures des sermens qu'ils ont prononcés aux pieds des autels & dans les mains même de cette nation qu'ils couvrent de misère & d'opprobre, semblables à Julien, l'apostasie les a rendus féroces; & il n'en est pas un, qui durant l'exercice de son pouvoir usurpé, ne pût s'appliquer ce que Nicéphore répondoit à un serviteur fidèle qui l'engageoit à gouverner son empire avec douceur & justice : » Dieu m'a endurci le » cœur. Que peut-il arriver de bon à ceux » qui sont sous ma main (1) « ?

IV°. APRÈS AVOIR IMAGINÉ LES PRÉTEXTES LES PLUS INJUSTES POUR VOUS EXPATRIER, ILS SE SONT ENCORE RÉSERVÉ

---

(1) Hist. eccléf. l. 45.

CELUI DE VOUS JETTER DANS D'AFFREUX CACHOTS (1).

Eh bien ! félicitez-vous de cet excès de tyrannie. C'eſt ici le plus beau moment de votre triomphe. » A des gens dévoués à Dieu & » qui font hautement profeſſion de leur foi, les » chaînes ne ſont pas des chaînes, mais des » ornemens. Les marques qu'elles impriment » ſur le corps des chrétiens ſont plutôt des » marques d'honneur que des marques d'igno- » minie (2) «.

Voilà ce qui faiſoit dire auſſi à St Chriſoſtôme, *qu'il eſt plus beau d'être enchaîné pour le Chriſt qu'aſſis à ſa droite* (3). Voilà pourquoi l'apôtre qui a été la lumière & le modèle de tous les docteurs de l'égliſe, s'eſt écrié avant eux : » Faut-il me glorifier ? faut-il » prouver que je ſuis le véritable miniſtre » de Jéſus-Chriſt ? J'ai enduré pluſieurs fois » la priſon. J'ai été battu de verges. J'ai » ſouffert toutes ſortes de travaux & de » fatigues (4) «.

Qu'une foi pure & ſolide porte donc en

(1) Décret déjà cité. — (2) Cyprien épiſt. 66. — (3) De Expoſ. in épiſt. ad Epheſ.
(4) 2 Cor. 11.

vous des sentimens si sublimes, & vous surmonterez toutes les horreurs de la prison : le silence, les ténèbres, la faim, la soif, la nudité. Comme Paul & Silas vous y chanterez des hymnes à la louange de Dieu, & peut-être comme eux encore, y verrez-vous la grace se servir de votre exemple pour ramener à la vérité jusqu'à ceux-là même qui seront chargés de votre détention (1).

Non rien ne pourra ébranler votre courage, ni enchaîner vos vertus, si vous êtes prisonniers de Jésus-Christ. C'est envain que d'impitoyables geoliers vous fatigueroient de leur présence, & qu'ils s'efforceroient d'asservir votre volonté en tourmentant votre corps. Libres, indépendantes jusque dans les fers, sortant malgré eux de l'espace étroit où ils vous tiennent enfermés, votre ame, vos pensées s'affranchiront de tous les liens pour se transporter jusqu'à Dieu, & les tortures de l'esprit seront pour eux bien plus que pour vous. C'est envain qu'irrités de votre patience les tyrans de la patrie prolongeroient votre captivité, » la longueur du tems ne » fera qu'accroître vos mérites. Autant de

(1) Act. apost. 16. 25.

» jours de prison, autant de nouveaux sujets » de louanges. Celui qui souffre la mort ne » triomphe qu'une fois, mais celui qui souffrant sans cesse combat contre la douleur » & n'en est point surmonté, triomphe tous » les jours (1) «. C'est envain que la mort elle-même se présenteroit à vous avec tous ses appareils. Bien loin de la redouter, vous en bénirez l'approche & ses suites. » Quelle » joie de sortir d'ici au milieu des gênes & » des tortures, qui sont le gage le plus assuré » de notre espérance! de fermer un moment » les yeux aux hommes & au monde, & » de les ouvrir aussi-tôt pour voir Dieu & » Jésus-Christ! quel bonheur d'être retiré si » promptement de cette vie, pour être mis à » l'heure même dans le royaume des cieux! (2) «.

Tandis que vos persécuteurs vous tiendront ainsi dans les fers, tandis qu'ils vous éprouveront par toutes sortes de tourmens, je ne serois pas étonné qu'ils vinssent à vous armés de tous les sophismes, de toutes les promesses de fortune & de liberté qui leur ont acquis

(1) Saint Cyprien. epist. 15. — (2) Idem. exhort. ad mart.

tant de ſchiſmatiques & d'apoſtats. Tous les moyens ſervent à leurs vues, & ils n'en négligent aucun pour parvenir à enlever à la verité ſes amis & ſes défenſeurs (*). Mais alors rappellez-vous ces 42 martyrs qui furent expoſés à la même tentation, & donnez à

(*) Pour prouver que la ſuppoſition que je fais ici n'eſt point imaginaire, je citerai des faits très-authentiques, & qu'il n'eſt pas inutile d'apprendre au Public, La veille du jour fixé à tous les curés de Paris pour prêter le ſerment civique, trois principaux acteurs de la révolution, M. Duport, miniſtre de la juſtice, M. Bailly, maire de Paris, M. Démeunier, membre de la première aſſemblée nationale, transformés tout-à-coup en théologiens & en docteurs de l'égliſe, comme en légiſlateurs & en hommes d'état, ſe préſentèrent, à onze heures du ſoir, chez M. l'abbé Marduel, curé de St-Roch, pour l'engager à la preſtation de ce ſerment, & lui perſuader qu'aucune raiſon ne devoit y mettre obſtacle. M. Bailly fit la même démarche auprès de M. l'abbé de Pancemont, curé de St-Sulpice; mais toute l'égliſe gallicane a été inſtruite de l'invincible fermeté, & du courage héroïque de ces paſteurs, auſſi diſtingués par leurs vertus & leurs lumières, que par l'eſtime & la confiance qu'ils ont toujours méritées.

Les trois tentateurs ſe transportèrent auſſi, pendant la nuit, chez un autre curé d'une grande paroiſſe de la capitale, dont la chûte a étonné & affligé les fidèles.

l'églife le même exemple qu'elle a configné dans fon hiftoire.

» Le calife *Moutasem*; autrement *Abou* » *Isaac*, ayant emmené captifs plufieurs offi» ciers de l'armée de l'empereur Théophile, » l'an de Jéfus-Chrift 838, les fit mettre aux » fers dans une prifon fort obfcure, fans au» tre nourriture que du pain & de l'eau; » point de lit, & des haillons pour vêtemens. » Voyant leurs forces confumées, leurs corps » atténués par la longueur & la dureté de ces » traitemens, il leur envoya des docteurs » mufulmans pour les engager à embraffer » leur religion. En uferiez-vous ainfi, deman» dèrent les chrétiens à ces docteurs, fi vous » étiez à notre place? Sans doute répondirent » les mufulmans, car il n'y a rien de plus » cher que la liberté. Et nous, dirent les » chrétiens, nous ne prenons point confeil » fur la religion de ceux qui ne font pas » fermes dans la leur; & ils les renvoyèrent » confus. Ils demeurèrent fept ans dans cette » affreufe prifon, réfiftant à toutes les épreuves, » à toutes les offres de fortune qui leur étoient » faites, & n'en fortirent que pour aller au » martyre (1) «.

(1) Hift. eccléf. par Fleury. liv. 48.

L'avez-vous remarqué? Tous ces illustres martyrs étoient officiers de l'empereur. Ah! j'aime à le croire. Si nos chevaliers françois étoient menacés du même sort, les mêmes vertus couronneroient leur bravoure. Combien il en est déjà parmi eux qui ont protesté avec un courage héroïque contre toutes les innovations qui désolent l'église & qu'elle réprouve? Combien qui ont juré de mourir, s'il le falloit, pour leur Dieu comme pour leur Roi, & qui ont consigné leurs sentimens dans des écrits qui porteront leur nom & leur gloire à la postérité?

Jettons enfin un coup d'œil sur le dernier article de ce code tyrannique.

V°. TOUS LES TRAITEMENS, TOUTES LES PENSIONS DONT ON NOUS AURA PRIVÉS, SERONT DISTRIBUÉS AUX INDIGENS (1).

Quelle noirceur! quelle atroce perfidie! Ne diroit-on pas qu'on veut exciter contre nous la fureur de ceux qui n'ont rien, en flattant leur cupidité, & qu'on leur promet une récompense pour tous les outrages qu'ils nous

(1) Mêmes décrets, art. XVI.

feront essuyer? Ne diroit-on pas que semblables aux Néron, aux Domitien qui condamnoient les martyrs à être dévorés par des bêtes féroces, dans un lieu appellé *les plaisirs du peuple*, ceux qui le conduisent aujourdhui n'ont plus que du sang à lui offrir pour l'intéresser & le satisfaire, & qu'en renouvellant ces spectacles abominables, ils voudroient replonger le genre humain dans la barbarie d'où l'évangile l'avoit tiré?

Sachez-le, cependant, cruels ennemis de notre foi! Les malheureux qui se couvriront de nos dépouilles en insultant à nos personnes, nous les plaindrons encore; nous les aimerons encore; n'eussions-nous qu'une obole à leur donner, qu'un verre d'eau froide à leur offrir, nous les partagerons avec eux au nom de Jésus-Christ, quand ils seront dans le besoin.

Dites maintenant si c'est là l'esprit & le cœur des factieux! Dites si en nous traduisant sans cesse devant la multitude égarée, sous ce nom odieux, vous avez pu prouver qu'un seul de nous l'eût mérité! » Dites si » jamais nous nous sommes assemblés pour » procurer la perte de quelqu'un, si en quel» que état que nous nous trouvions, nous

» offenſons perſonne, nous faiſons injure à » perſonne (1) «! Dites ſi nous n'avons pas toujours enſeigné au peuple qu'il devoit rendre à Céſar ce qui appartient à Céſar, & que *ce ſeroit une auſſi grande erreur de refuſer aux puiſſances légitimes l'honneur, la fidélité, les tributs, ſous prétexte que nous ſommes chrétiens, que d'accorder quelque autorité ſur la foi aux adminiſtrateurs des choſes temporelles* (2)? Nous des factieux! ...... mais ſavez-vous à qui ce titre appartient? » C'eſt à ceux qui en- » tretiennent des intelligences pour ruiner les » gens de bien qu'ils haïſſent, & qui par » une conjuration criminelle élèvent leur voix » contre le ſang des innocens (3) «. C'eſt à ceux qui déclarent que *nul ne doit être inquiété pour ſes opinions même religieuſes* (4); & qui nous raviſſent notre état, notre ſubſiſtance, notre tranquillité, notre honneur, s'il étoit poſſible, parce que nous ne nous proſternons pas ſtupidement devant la nouvelle idole de leur fol orgueil. C'eſt à ceux qui déclarent que *tout citoyen peut parler, écrire, imprimer*

---

(1) Tertul. apolog. 39. — (2) Aug. expoſ. epiſt. ad Rom. prop. 72. — (3) Tertul. apolog. 40. — (4) Déclar. des Droits de l'homme, art. X.

librement (1) ; & qui nous dénoncent, nous outragent, nous mettent en fuite ou dans les fers, parce que nous soutenons les principes d'une religion qui nous a consacré à Dieu, & qui doit être indépendante des hommes pour les conduire à la vérité comme au bonheur. C'est à ceux qui tolèrent la publicité de toutes les superstitions, de toutes les erreurs de l'esprit, de tous les égaremens du cœur ; & qui refusent à nous seuls la liberté de rassembler les fidèles dans nos temples sacrés, d'y prêcher la foi catholique, d'y instruire les enfans, d'y consoler les malheureux, d'y soutenir les vieillards, d'y recueillir les aumônes, & d'y prier tous ensemble pour la paix & la prospérité de l'empire. C'est à ceux qui multiplient sans nombre des spectacles licentieux ; & qui renversent les autels de l'agneau sans tache, ferment nos basiliques saintes, ou les convertissent en autant d'écoles de corruption, de révolte & d'anarchie. C'est à ceux qui après avoir brisé le vaisseau de l'église & celui de l'état contre des écueils qu'ils ont eux-mêmes multipliés de toute part, attribuent toutes les pertes

(1) *Ibid.*

& tous les malheurs qui en ſont la ſuite ; aux victimes innombrables qu'ils ont faites. C'eſt à ceux qui prétendent ramener parmi nous la ferveur des premiers chrétiens, s'en conſtituer les apôtres ; & qui ſe jouant de tous les cultes, rejettant loin d'eux juſqu'aux lâches apoſtats qui ont ſecondé leurs ſacriléges entrepriſes, vivent en athées, meurent en impies, & vont ſouiller de leurs reſtes impurs les monumens ſacrés qui leur ſervent de tombeaux ; à moins que par un jugement inoui & qui révèle d'avance leur réprobation à l'univers, leurs dignes proſélytes n'en effacent le nom de Dieu & tous les emblêmes de la foi, pour les rendre auſſi profanes qu'eux-mêmes.

Voilà donc tous les différens genres de perſécution décrétés contre nous, & tous les motifs de courage & de fidélité que la religion nous préſente pour les ſoutenir.

Telle eſt auſſi la conduite que le ciel protecteur de l'égliſe gallicane a fait tenir à tous les pontifes qu'il avoit établis pour la gouverner (1). Ni les outrages, ni l'exil, ni la

(1) Poſuit epiſcopos regere eccleſiam Dei. Act. Apoſt. 20. 28.

misère, ni les cris de mort qu'on a fait entendre si souvent autour d'eux, n'ont encore pu les entraîner dans le schisme. Plus fidèles & plus courageux au contraire, à mesure qu'on les arrachoit à leurs siéges, tantôt comme *Athanase*, il ont protesté hautement contre les *Grégoire* qui avoient l'insolence d'y monter; tantôt comme *Eugêne* de Carthage, en s'éloignant malgré eux de leurs ouailles, *ils les conjuroient par la majesté de Dieu & l'avènement de Jésus-Christ de demeurer fermes dans la foi.* Tantôt comme *Cyprien*, du fond de la retraite *où la condition du tems les retient*, ils se rendent en quelque façon présents à leurs églises par des lettres instructives; & toutes leurs voix réunies à celle du souverain pontife, ont fait briller la vérité de l'éclat le plus majestueux, & imprimé sur le mensonge, le schisme & l'erreur, les signes ineffaçables, de la confusion & de la honte.

Combien de pasteurs fidèles ont imité leur exemple! Combien nous en avons vu courir les mêmes dangers, montrer le même zèle & n'emporter au sortir des habitations d'où on les chassoit avec violence, que la certitude

du

du besoin, la haine des ingrats & le regret de n'être plus utiles au salut de leurs frères ? (*)

Combien d'autres prêtres encore dans tous les rangs de la hiérarchie sainte, ont préféré l'amour du devoir, la paix de la conscience, la perte de leurs espérances sur la terre, à toutes les voies de fortune que le schisme leur avoit ouvertes ?

Non l'église de France n'a point été vaincue par l'erreur. Si quelques uns de ses ministres ont succombé à la crainte de la misère, à la terreur des méchans, le plus grand nombre est resté debout avec tous ses chefs ; & pour trouver assez de faux pasteurs qui eussent la témérité de s'asseoir à la place

(*) Un de ces pasteurs, selon le cœur de Dieu, chassé de sa cure, où il nourrissoit son père & sa mère fort avancés en âge, n'ayant plus de ressources pour fournir à leurs besoins les plus pressants, que dans le travail de ses mains, s'est rendu avec eux à Paris d'où il n'étoit pas éloigné, & sous un habit étranger à son état il a porté de l'eau pour le public pendant plusieurs mois .... Viens contempler ce martyr de la foi & de la piété filiale, lâche intrus que le parjure a conduit à sa place ! & si tu n'es pas encore mort à tous les sentimens de religion & d'humanité, dis-moi ce qui se passe au fond de ton cœur.

des véritables, il a fallu rappeller au ministère sacré tous ceux que la vigilance épiscopale en avoit exclus; fouler aux pieds toutes les règles canoniques sur les qualités, les épreuves, les examens, les interstices, la maturité d'âge nécessaires à l'ordination sainte; permettre à l'esprit de vertige & d'erreur de se faire entendre jusque dans la chaire de vérité. Que dis-je? il a fallu décréter l'apostasie, applaudir au parjure, soutenir l'impudicité jusque sur les marches de l'autel.

Ouvre donc les yeux, peuple abusé, & reconnois enfin de quel côté se trouve l'église de Jésus-Christ. Comment peux-tu penser que ce divin législateur ait confié le soin d'en régler la discipline & la conduite à ces enfans du siècle qui n'ont paru se réunir que pour blasphémer sa doctrine, combattre son autorité, abjurer ses conseils, appeller au milieu de son peuple toutes les superstitions de la terre, distraire de l'ordre social tous les rapports de l'homme avec lui?

Et ces prêtres qu'ils t'ont donnés en se jouant d'eux-mêmes & de ta crédulité, comment peux-tu penser qu'ils sont les dispensateurs de ses mystères & des dons de sa grace? Ne les as-tu pas vus, presque tous, appellés à l'épiſcopat & au gouvernement des paroiſſes, par ces factions infernales qui préparent les incendies, commandent le brigandage, aiguiſent les poignards & en diſtribuent le ſalaire infame? Ne les as-tu pas vus jettés dans l'urne d'élection par des hommes qui ne leur connoiſſoient d'autres qualités que celles qui devoient les en exclure : le zèle de l'erreur, la révolte contre l'égliſe, & dont pluſieurs peut-être étoient étrangers à notre culte? Ne les as-tu pas vus conſacrés ou envoyés par des évêques qui n'avoient aucune juriſdiction à leur communiquer; que le ſouverain pontife a déclarés *parjures, coupables de défection, gagnés par ambition ou par fourberie* (1) : *plus corrompus de jour en jour* : (2) *dignes ſucceſſeurs d'un célèbre ſchiſmatique* (3), *& qui ne leur ont impoſé que des mains ſacriléges* (4)? Ne les as-tu pas vus s'introduire dans les temples du Dieu de paix, ſous l'appui d'une cohorte armée? monter à l'autel, au chant de ces paroles atroces qui ne reſpirent que le carnage, & qui ſont devenues

(1) L'évêque d'Autun. Voyez le Bref du 13 avril 1791. — (2) L'évêque de Lydda. — (3) L'évêque de Babylone. — (4) Voyez le même Bref.

des cris de joie & de ralliement jusque dans la bouche des enfans? Ne les as-tu pas vus & ne les vois-tu pas tous les jours exercer des fonctions qui leur sont interdites (1), rendre pour toi les sacremens *de nulle valeur* (2), *trafiquer de ton ame pour satisfaire leur avarice* (3), & par une accumulation de sacriléges que tu partage avec eux, t'associer à leur perte éternelle?

Et cependant tu t'obstine à les suivre. Tu vas les écouter dans leurs chaires empestées! Tu leur demande des bénédictions nuptiales qui ne sont qu'apparentes, & qui ne peuvent sanctifier tes alliances par ce *grand sacrement qui est en Jésus-Christ & en son église* (4)! Tu les appelle à ton lit de mort pour t'ouvrir les portes d'un empire dont ils n'ont pas les clefs! Grand Dieu, quel aveuglement! N'est-ce pas là, comme le disoit un prophête, *porter sur son cœur le bouclier du crime* (5)!

Mais reposons-nous de cet effroyable scandale sur un spectacle que le ciel lui-même nous a préparé, & dont le souvenir fera l'édification de tous les siècles chrétiens.

---

(1) Bref du Pape. — *ibid.* — 2 Pet. 2. 3. — (4) Ephes. 5 32. — (5) Jer.

Paroiſſez, filles du Seigneur! venez prendre place parmi les confeſſeurs de la foi, vous toutes qui avez donné au monde qui n'en étoit pas digne, l'exemple de la fidélité la plus parfaite & du courage le plus invincible!

Depuis long-tems on publioit de toutes parts, que vous étiez autant de victimes enchaînées à l'autel par des mains parricides & barbares; que ſi l'on briſoit vos liens & qu'on ouvrît les portes de vos demeures ſaintes, bientôt on vous verroit abjurer votre état & rentrer dans le monde que vous aviez quitté ſans réflexion. Mille & mille théâtres infâmes retentiſſoient de ces calomnies contre vous, comme ſi c'eût été de votre aveu: & des femmes perdues de mœurs & d'honneur, ſouillant votre coſtume ſur la ſcène, avoient l'audace de vous y prêter leurs ſentimens d'une manière auſſi atroce que ſcandaleuſe. Toutes les ſectes anti-chrétiennes, tous les libertins, tous les oiſifs, tous les enfans de la terre qui n'ont jamais eu de relation avec vos penſées & encore moins avec vos vertus, venoient applaudir à ces inſultantes déclamations. Se croyant alors autoriſée par les ſuffrages d'un peuple corrompu, ſe perſuadant que vous y joindriez les vôtres, l'impiété s'avance au grand jour, renverse vos barrières sacrées, vous appelle parmi les amis du siècle, vous y promet des secours, vous menace de sa fureur si vous résistez, ravit jusqu'aux ornemens de vos saints tabernacles pour vous effrayer par l'idée de la destruction, suscite contre vous les outrages d'une multitude effrénée, d'une troupe de malheureux que vous aviez nourris, instruits, soulagés jusqu'alors peut-être : & vous êtes insensibles à toutes les offres qu'on vous fait ! & vous redoublez de ferveur & de zèle quand on vous propose un genre de vie plus à portée des sens & de l'amour-propre ! & au moment même qu'on veut briser vos liens, vous allez les resserrer aux pieds des autels ! & tandis qu'on vous menace de toutes les horreurs de la misère, de toutes les cruautés de la persécution, supérieures à toutes les craintes, plus fortes que la nature, vous vous jettez dans le sein de la Providence ! vous déclarez toutes ensemble que vous périrez, s'il le faut, dans la maison du Seigneur, plutôt que de trahir vos sermens selon le dessein des impies ! O prodige de la grace ! ô triomphe de la foi ! ô force divine dans un ſexe ſi foible & ſi ſenſible ! ah ! l'égliſe vous admire. Tous les vrais fidèles implorent votre aſſiſtance dans nos malheurs. Vous ſeules, peut-être, vous ſeules, anges de la terre, pouvez faire deſcendre ſur nous les bénédictions du ciel & le pardon de nos péchés innombrables. Priez pour la conſervation de la foi dans cet empire. Priez pour ce prince infortuné, qui peut dire avec plus de vérité encore que celui dont il eſt parlé dans l'écriture : » A quelle affliction ſuis-je » donc réduit ? en quel abîme de triſteſſe me » vois-je plongé ? moi qui étois auparavant » ſi content & ſi chéri au milieu de la » puiſſance qui m'environnoit (1) «. Moi qui ai fait tant de ſacrifices à mon peuple, & qui n'en ſuis récompenſé que par ſon ingratitude, ſa révolte & une captivité dont le tourment le plus contraire à mes deſirs, eſt de ne pouvoir contribuer à ſon bonheur encore. Priez pour tous les pontifes & paſteurs ſéparés de leurs ouailles. *Priez pour ceux-là même qui vous perſécutent & vous calomnient* (1). Demandez ſur-tout & demandez avec inſtance au ſouverain Roi de l'Univers, de rétablir

(1) 1. Mach. 6. 11. — (2) Math. 5. 44.

parmi nous l'ordre, la justice & la paix que lui seul peut nous donner.

Et vous cependant, malheureux françois! Jusqu'à quand méconnoîtrez-vous la cause de votre déplorable situation? Ne voyez-vous pas que *nous avons été accablés de toutes sortes de maux, & des malédictions du Seigneur, parce que nous n'avons pas écouté sa voix pour marcher selon ses préceptes, & que chacun de nous s'est laissé aller au sens corrompu & à la malignité de son cœur* (2)? Ne voyez-vous pas que *nous sommes la fable des hommes & un exemple d'opprobre & d'exécration au milieu de tous les peuples* (3), parce que vous avez applaudi aux impies qui insultoient à notre religion sainte, qui renversoient le trône de nos Rois, qui brisoient tous les liens de l'ordre social; & que du moment qu'ils sont devenus vos conducteurs, vous n'ayez fait remarquer votre existence sur la terre que par *le sang, le meurtre, le vol, la tromperie, la corruption, l'infidélité, le tumulte, le parjure, le trouble des gens de bien, l'oubli de Dieu, l'impureté des ames, l'inconstance des mariages, les dissolutions de l'adultère*

(1) Baruch. 1. 10. — (2) *Idem.* 2. 4.

& de l'impudicité (1), la violation des traités les plus ſolemnels, le mépris de tous les droits publics, les outrages les plus groſſiers aux nations étrangères, les plus violentes uſurpations, la contradiction perpétuelle de vos principes, de vos diſcours, de vos jugemens & de vos démarches? *Pourquoi donc ne quittez-vous pas la malignité de vos œuvres, & cette dureté de cœur qui vous rend comme inflexibles* (2)? *Pourquoi ne criez-vous pas au Seigneur: faites-nous miſéricorde, parce que nous avons péché en votre préſence* (3)?

Sans doute il eſt encore des ames juſtes parmi vous. Sans doute il eſt encore des chrétiens fortement attachés à l'unité de l'égliſe, à la pureté de la foi, *aux ſaintes lettres qu'ils ont appriſes dès l'enfance* (4), & qui ſe ſont défendus avec un courage admirable contre toutes les entrepriſes des ſchiſmatiques & des rebelles. Nous ſommes perſuadés même que l'horrible ſpectacle de tant de forfaits, la crainte d'en être les victimes, le cri de la vérité qui appelle un Dieu vengeur & qui démontre la néceſſité d'une

(1) Sap. 14. — (2) Baruch. 2. 33. — (3) *Idem.* 3. 2. — (4) 2. Tim. 3. 15.

loi divine pour mettre un frein aux passions humaines, ont ramené plusieurs pécheurs à la vertu. Graces, force & lumière leur soient continuées d'en-haut !

Mais quelles sont vos mœurs publiques ? quelle est la conduite du plus grand nombre ? ne semble-t-il pas que vous deveniez plus criminels, à mesure que vous devenez plus malheureux ? ne semble-t-il pas que vous cherchiez des dédommagemens ou des remèdes à vos maux, dans toutes les iniquités qui les ont produits ? ne semble-t-il pas que vous braviez la puissance du Seigneur & que vous insultiez aux desseins de sa miséricorde ? se passe-t-il un seul jour sans qu'on entende blasphémer sa religion sainte dans vos assemblées politiques, dans vos comités d'administration, ou qu'on ne sourie de pitié à celui qui en tient encore le langage ? Se passe-t-il un seul jour sans que l'impiété ne proclame ses triomphes d'une extrémité de l'empire à l'autre, sans qu'elle ne s'introduise jusque dans la cabane du pauvre & les atteliers de l'artisan, pour y vendre ses poisons à des malheureux qui s'en nourrissent avec avidité & qu'aucune force humaine ne sera capable d'arrêter dans leurs désordres, quand on aura desséché toutes les vertus, tari toutes les gaces de Dieu, toutes les consolations de la foi dans leurs cœurs, & qu'ils n'écouteront plus que la grossièreté de leur instinct & les emportemens de leurs passions?

Dites, dites-le vous-mêmes, tristes victimes de la fureur populaire & des calamités publiques! A qui vous adressez-vous *dans la douleur qui vous presse, dans l'inquiétude qui vous agite* (1)? Savez-vous vous humilier devant le Dieu qui a permis que vous le fussiez devant les hommes? Ne mettez-vous pas toute votre confiance dans les puissances de la terre? N'appellez-vous pas, comme les Juifs, *l'Assyrie contre l'Egypte, l'Egypte contre l'Assyrie*, sans invoquer *celui qui a tous les cœurs dans sa main, & qui tient du plus haut des cieux les rênes de tous les royaumes* (2)? Toujours avides de plaisirs & de dissipation, toujours semblables à ces romains de qui la corruption, dit St-Augustin, (3) étoit si profonde, qu'après s'être sauvés du pillage de Rome, & tandis que les villes d'Orient en déploroient publiquement la perte, ils se trouvoient tous les jours dans les théâtres de

(1) Baruch. 3. 1. — (2) Bossuet, Hist. Univ.
(3) Cité de Dieu.

Carthage : Ne vous voit-on pas courir en foule à des ſpectacles qui ſont devenus comme une arêne de gladiateurs ; qui ne débitent ou ne mettent en action que des maximes ſéditieuſes, des calomnies atroces, des railleries ſacriléges, les obſcénités les plus révoltantes ; où tout annonce la perverſité de la nation, la frivolité des eſprits, la dépravation des cœurs, la perte du goût & des vrais talens ? Et pour y aſſiſter, ne bravez-vous pas des dangers auxquels vous ne voudriez pas vous expoſer s'il falloit remplir vos devoirs de chrétiens ? Ne bravez-vous pas même le dégoût & la honte de voir vos principes, votre état, vos perſonnes couverts de ridicules ; d'entendre une multitude égarée applaudir à des déclamations ſacriléges contre votre religion ſainte & la majeſté de vos rois ; de vous confondre avec une troupe de factieux & d'eſclaves à leurs gages que vous fortifiez dans leur inſolence & leurs projets par leur triomphe ſur votre foibleſſe ; de ſacrifier à cette occupation aviliſſante des ſommes que vous devriez employer en œuvres de charité pour appaiſer la colère de Dieu ? Ah ! s'il en eſt ainſi, ne vous plaignez donc plus de votre malheureuſe ſituation, ni de l'impoſſibilité d'en fortir. C'eſt la lâcheté, c'eſt votre cor-ruption habituelle qui vous y ont conduit.

Non : vous n'êtes plus *qu'une nation ſans prudence, ſans réflexion* (1), ſans courage.

Faut-il ajouter à tant de ſcandales & d'indifférence pour le ſalut de la patrie, cette fureur de jeux exceſſifs & perſides qui s'accroît avec la misère ; qui s'eſt communiquée à toutes les claſſes de la ſociété ; qui produit tous les jours des vols, des forfaits ou des baſſeſſes ; qui dénature des pères de famille juſqu'à compromettre dans un inſtant la fortune de leurs enfans, la dot de leurs épouſes, le fruit de leur commerce, les droits de leurs créanciers, les reſſources de leur vieilleſſe ?

Faut-il vous dépeindre *l'uſure & la fraude qui ſe commettent ſans ceſſe ſur les places publiques* (2), qui négocient pour ainſi dire le crime & le ſacrilége en négociant le patrimoine des pauvres & les dépouilles du ſanctuaire, qui chaque jour aggrandiſſent la plaie de l'état par les moyens qu'on croyoit propres à la guérir, & qui de toutes les ruines particulières ne composeront que la ruine génerale ? Tel *Antiochus* chargé de tous les tréſors du temple de Jéruſalem, ſe glorifiant de ſon vol, ſe propoſant de l'augmenter

(1) Deut. 32. 28. — (2) Pſalm. 35. 12.

encore, ſuccombe ſous le poids de ſes rapines & du *juſte jugement de Dieu* (1), en reconnoiſſant, mais trop tard, qu'il avoit mérité ſon ſort épouvantable ?

Faut-il vous reprocher encore ces combats d'opinions, ce déluge de ſyſtêmes qui multiplient les factions, perpétuent l'anarchie avec la haine & le deſir des vengeances, donnent du crédit *aux eſprits turbulens qui trouvent moyens de brouiller & d'entreprendre*, diſpoſent à la ſédition *les grands ambitieux & les miſérables qui n'ayant rien à perdre aiment toujours le changement, & en tout cas ſe ſoucient peu que tout périſſe après eux* (2).

Je ne parle point ici, par reſpect pour mes lecteurs, de tant d'autres ſcandales que l'ivreſſe de l'impiété, ajoutée à la violence des paſſions qui en ſont la ſource ordinaire, a portés à tous les excès de l'impudence & du cyniſme le plus outré.

Mais ce que la religion m'ordonne de vous dire, c'eſt que *la perverſité des nations eſt exécrable devant Dieu*; (3) c'eſt que ſi vous oubliez plus long-tems que » les ſociétés civiles ne » s'établiſſent & ne ſubſiſtent que ſur le » fondement de la foi réciproque & de

(1) 2. Mac. 4.—(2) Boſſuet, h. univ.—(3) Eccl. 10. 7.

» l'union des cœurs ; & que cette foi, cette
» union ne subsistent elles-mêmes que lors-
» que tous les cœurs sont portés vers un
» bien commun, vers le véritable & souve-
» rain bien qui est Dieu (1), bientôt, bientôt peut-être devenus les uns pour les autres un objet de jalousie, de défiance & d'aversion, *tout couverts de l'opprobre que mérite un peuple rebelle à son Dieu* (2), vous ne pourrez plus habiter ensemble, ni avoir aucune relation avec les nations étrangères.

Ce que la religion me conseille de vous dire encore ici, ce que je vous dirai même avec les paroles de l'Esprit Saint : C'est qu'*il est impossible de pacifier les choses actuelles autrement que par l'autorité royale*, (*) *& qu'il n'y a que ce moyen de faire cesser les folles entreprises de tous les séducteurs qui vous appellent un peuple heureux, & qui vous conduisent dans le précipice en vous promettant le bonheur* (3). Tant que la multitude voudra régner, les désordres régneront avec elle; & tant que vous ne reconnoîtrez pas que toute autorité légitime vient de Dieu (*), que c'est un crime de se soulever contre elle, vous passerez de révolte en révolte, jusqu'à ce que votre em-

(1) Aug. Epist. 137.—(2) Mich. 6. 16.—(*) 1ère. note, p. 49.—(3) Isa. 9. 16.—(*) 2ème note, p. 51.

pire disparoisse de dessus la face de la terre. De plus puissants que le vôtre ont succombé par les mêmes causes, & l'on ne trouve plus aujourd'hui à leur place que des barbares ou des déserts.

Grand Dieu ! jettez donc un regard de pitié sur ce peuple si aveugle & si coupable. Il n'est pas assez puni sans doute, puisque vous l'abandonnez encore à lui-même. Mais n'y a-t-il pas quelque juste qui puisse désarmer votre bras vengeur? *Souffrirez-vous que nous périssions pour jamais, vous, Seigneur, qui subsistez éternellement dans une paix souveraine* (1)? Souffrirez-vous que l'héritier de Charlemagne & de St Louis, soit plus long-tems la victime des rebelles, des apostats & des méchans? Ah! Nous vous en conjurons par votre clémence même, *Dieu bon, Dieu patient & qui pardonnez les péchés* (2), rendez-nous cet esprit de lumière, de prudence, de sagesse & de charité que nous avons perdu en nous éloignant de vos préceptes! » Faites-nous comprendre qu'il faut chercher le fondement solide des états dans la vérité qui est la mère de la paix, & que la vérité ne se trouve que dans la véritable religion (3).

(1) Baruch. 3. 3. — (2) Jonas, 4. 2. — Bossuet, Polit. sac. l. 7. art. II.

NOTES

NOTES ET ADDITIONS ESSENTIELLES.

IL est impossible de pacifier les choses actuelles autrement que par l'autorité royale, &c.

Quoique le sujet que nous venons de traiter n'ait exigé de nous aucune discussion sur les avantages du gouvernement monarchique, nous n'avons pu résister au desir de remettre sous les yeux de nos lecteurs quelques principes de l'immortel & profond Bossuet sur cette matière. Jamais peut-être il ne fut plus nécessaire de s'en pénétrer, de les répandre, de les opposer aux trop dangereux systêmes des ennemis du trône, & nous sommes si convaincus de leur importance que nous dirions volontiers à tous les françois qui soupirent après le bonheur de la patrie, ce que l'Esprit Saint disoit de la loi divine : *gardez-les comme la prunelle de votre œil. Ecrivez-les sur les tables de votre cœur. Tenez-les liés à vos doigts*; (afin de vous en souvenir à chaque instant) (1).

» Le gouvernement monarchique a son fondement
» & son modèle dans l'empire paternel, c'est-à-dire
» dans la nature même. On le voit d'abord chez tous
» les peuples. Rome a commencé par-là & y est revenue.
» Ce n'est que tard & peu-à-peu que les villes grecques
» ont formé leurs républiques. L'opinion ancienne de
» la Grèce étoit celle qu'exprime Homère par cette
» célèbre sentence de l'Iliade : *plusieurs princes n'est*
» *pas une bonne chose : qu'il n'y ait qu'un prince & un*
» *Roi* «.

(1) Prov. 3. 3.

Les hommes naissent tous sujets, & l'empire paternel qui les accoutume à obéir, les accoutume en même-tems à n'avoir qu'un chef.

Si le gouvernement monarchique est le plus naturel, il est par conséquent le plus durable & dès-là aussi le plus fort. C'est aussi le plus opposé à la division qui est le mal le plus essentiel des états & la cause la plus certaine de leur ruine. *Tout royaume divisé en lui-même sera désolé* (1).

Jamais on n'est plus uni que sous un seul chef, & jamais on n'est plus fort, parce que tout va en concours.

La monarchie héréditaire est la plus avantageuse. Rien n'est plus durable qu'un état qui se perpétue par les mêmes causes qui font durer l'univers & qui perpétuent le genre humain. Point de brigues, point de cabales dans un état pour se faire un Roi. La nature en fait un, & le Roi ne meurt jamais.

Le Gouvernement est le meilleur qui est le plus éloigné de l'anarchie. A une chose aussi nécessaire que le gouvernement parmi les hommes, il faut donner les principes les plus aisés, & l'ordre qui roule le mieux tout seul.

Le gouvernement monarchique héréditaire est celui qui intéresse le plus à la conservation de l'état, les puissances qui le conduisent. Le prince qui travaille pour son état travaille pour ses enfans; & l'amour, qu'il a pour tout son royaume, confondu avec celui qu'il a pour sa famille, lui devient naturel.

(1) Math. 12, 27.

Les peuples s'attachent aux maisons royales. La jalousie qu'on a naturellement contre ceux qu'on voit au-dessus de soi, tourne ici en amour & en respect; les Grands même obéissent sans répugnance à une maison qu'on a toujours vu maîtresse, & à laquelle on sait que nulle autre maison ne peut être égalée. Il n'y a rien de plus fort pour éteindre les partialités & tenir dans le devoir les égaux que l'ambition & la jalousie rendent incompatibles entre eux.

AINSI LA FRANCE, OÙ LA SUCCESSION EST RÉGLÉE SELON CES MAXIMES, PEUT SE GLORIFIER D'AVOIR LA MEILLEURE CONSTITUTION D'ETAT QUI SOIT POSSIBLE, & LA PLUS CONFORME À CELLE QUE DIEU MÊME A ÉTABLIE. Ce qui montre tout ensemble, & la sagesse de nos ancêtres, & la protection particulière de Dieu sur ce royaume. (Politique sacrée. Livre 2. Art. I. p. 7, &c.)

SECONDE NOTE.

Toute autorité légitime vient de Dieu.

Nous croyons encore intéresser tous ceux de nos lecteurs qui sont attachés à la religion & à la royauté, en leur offrant l'extrait d'un ouvrage assez rare, & dont l'auteur (*) ne doit pas être suspect aux partisans de la révolution qui se sont ralliés sous la bannière ou le masque hypocrite de ce fondateur de l'église constitutionnelle, qui a la réputation, bien ou mal méritée, d'être un disciple de *Jansénius*.

» Les souverains sont destinés à gouverner les peu- » ples, ou par élection des peuples même, ou par

(*) Le P. Quesnel, sur la souveraineté des Rois.

» leur naissance. Mais la puissance & l'autorité royale » leur vient de Dieu, selon l'apôtre, selon la tradition ecclésiastique & le sentiment unanime des jurisconsultes qui ont écrit avant la naissance des » dernières sectes. Il y a quinze cens ans & plus, que » Tertullien l'a dit des empereurs, même payens, » & l'a dit au nom de tous les chrétiens, dans son » apologie de la religion chrétienne avouée par » l'église «.

» Les anciens chrétiens qui s'expliquoient par la » plume de leur apologiste & qui étoient si remplis » de l'esprit de Dieu, auroient-ils parlé ainsi, s'ils » avoient considéré les supérieurs comme des souverains conventionnels, qui auroient reçu des peuples » leur autorité, & qui auroient été justiciables de » leurs sujets & soumis à leur caprice pour être dégradés & privés de leur dignité, quand des ambitieux s'aviseroient de mettre dans la tête de la populace qu'on les gouverne tyranniquement & qu'on » viole leurs droits «?

» Qui peut répondre que l'un de ces jours ces » gens-là ne s'aviseront pas de vouloir nous faire » passer Dieu même pour *un Dieu conventionnel?* car » il a fait un pacte & une convention avec son peuple: » il s'est engagé à lui par des promesses solemnelles » comme son peuple lui a promis de son côté de lui » être fidèle & de s'attacher à lui. Cependant combien de fois un grand nombre de ce peuple & des » principaux a-t-il murmuré contre Dieu & contre » Moyse qui tenoit sa place? Selon les principes des » calvinistes, ces rebelles auroient peut-être eu de » bonnes raisons pour justifier leur révolte, en accusant Dieu d'avoir manqué aux conditions de la

» convention. Peut-on se promettre que les princes » les plus doux & les meilleurs rois, tel qu'étoit » Charles I, roi d'Angleterre, à sa religion près, » puissent jamais être assurés & de leur couronne, & » de leur vie, tant que l'on infatuera les peuples de » ces maudites maximes, qu'ils ont droit de juger » leurs souverains, de se révolter contre eux, & de » s'en défaire d'une manière ou d'autre, quand ils » se sont mis dans l'esprit qu'ils ne sont pas leur de- » voir & qu'ils manquent aux conditions stipulées, » comme ils croyent, dans les conventions à leur » avènement à la couronne?

» Il faut donc se souvenir une bonne fois de dis- » tinguer dans l'institution d'un roi, même qui se » fait par élection, ce qui est des peuples, ce qui est » de Dieu. Ce sont les peuples qui choisissent & pré- » sentent le sujet qui doit être revêtu de la dignité » royale; mais ce ne sont point eux qui lui en don- » nent l'autorité & la puissance. C'est Dieu même selon » la doctrine des apôtres & de l'église chrétienne, qui » en revêt le sujet qui lui est présenté. Le roi ainsi » établi promet à Dieu & à son peuple de gouverner » avec justice, & de procurer en toutes choses le bien » de l'état: mais il n'a plus que Dieu au-dessus de » lui, & tout le reste lui est assujetti.

» Loin donc ces vaines distinctions de rois vraiment » souverains & de rois conventionnels, nées de la » tête des protestans pour défendre la cause meur- » trière des sujets rebelles & des massacreurs de » rois «.

» Dire aux peuples qu'ils ont droit de repousser la

» force par la force, c'est une maxime horrible qui ne » tend qu'à les jetter dans de plus grandes misères que » celle dont ils se plaignent, & qu'à renverser les états » par des soulèvemens & des guerres intestines dont on » se repent toujours & toujours trop tard; parce que » les peuples qui sont toujours le jouet des chefs de » parti & de leur ambition, ne s'apperçoivent de leur » malheur, qu'après qu'ils ont vu par une triste & » funeste expérience, que sous prétexte de remédier » à quelques injustices, vraies ou fausses, ils ont été » réduits à voir couler des ruisseaux du sang de » leurs concitoyens, & périr des millions d'hommes (1); » & que pour se racheter de quelques contributions » un peu plus fortes qu'à l'ordinaire, que la néces- » sité des tems & des affaires forcent quelquefois » les meilleurs princes de demander à leurs sujets, » ils ont donné lieu à la ruine totale & des particu- » liers & du public. On sait sur ce sujet de qui a » voulu parler *Grotius*, un des plus sages & des » plus chrétiens politiques qui aient été, lorsqu'il a » dit ce beau mot : *ils donnoient tout leur bien pour* » *éviter d'en donner la dixième partie.*

» Ainsi c'est une véritable folie aux peuples, de » prêter l'oreille à ces sortes de séducteurs, qui leur » font abandonner un solide repos & les douceurs » d'une véritable liberté, en les repaissant d'une ombre » de liberté & de repos qu'ils leur font espérer. S'il » faut souffrir, il vaut mieux, sans comparaison,

---

(1) Les Hollandois avouent qu'il leur en a coûté pour changer de maîtres, une guerre de 80 ans, une grande partie de leurs biens, la vie de plusieurs millions d'hommes. — *Extrait du même ouvrage.*

» souffrir dans l'ordre de Dieu, & en demeurant dans » l'obéissance que l'on a reçus de sa main, comme » de vrais chrétiens y sont obligés par la loi évangé- » lique, que de se laisser entraîner à la révolte, pour » souffrir beaucoup plus sous une domination nouvelle, » qu'on auroit fait sous son prince légitime. C'est une » conduite si conforme à la raison, que de sages payens, » sans le secours d'aucune autre lumière, ont prévenu » sur cela ce que celle de la foi nous a enseigné » depuis. *C'est*, disoit un d'entre eux, *le propre d'un* » *bon citoyen & d'un homme de bien, de ne vouloir point* » *de changement dans l'état. S'il arrive qu'il se commette* » *des injustices colorées du prétexte de la justice & du* » *droit, & que l'innocence en souffre plus même qu'elle* » *ne feroit d'une guerre ouverte, il les faut laisser passer,* » *comme on laisse passer la pluie, le tonnerre, un orage* » *& les autres maux qui viennent d'une force majeure.* » *Si au contraire, le gouvernement est doux & commode,* » *tel qu'est celui d'un bon prince, il le faut recevoir avec* » *beaucoup de reconnoissance* «.

TROISIÈME NOTE.

Nous ajouterons enfin, pour ceux de nos lecteurs qui ne la connoissent pas & qui observent les funestes triomphes de l'impiété, une déclaration faite aux Etats-généraux de 1615. Elle est du Tiers-Etat, de cet ordre qui a tout bouleversé pour vouloir être tout, & qui n'est devenu qu'un peuple sans religion, sans frein, sans lois, esclave de tous les factieux qui l'ont chargé de chaînes, de crimes, de fatigues, de misère & d'allarmes, en lui parlant sans cesse de liberté, de vertu, de paix & d'abondance.

ARTICLE MIS À LA TÊTE DU CAHIER DU TIERS-ETAT, DANS L'ASSEMBLÉ DES ETATS-GÉNÉRAUX DU ROYAUME EN 1615.

» POUR arrêter le cours de la pernicieuse doctrine » qui s'introduit depuis quelques années contre les » Rois & puissances souveraines établies de Dieu, » par des esprits séditieux qui ne tendent qu'à les » troubler & soulever, le Roi sera supplié de faire ar- » rêter à l'assemblée des Etats pour loi fondamentale » du royaume, qui soit inviolable & notoire à tous :

I. » Comme il est reconnu souverain en son » Etat, ne tenant sa couronne que de Dieu seul, » il n'y a nulle puissance sur la terre, quelle qu'elle » soit, spirituelle ou temporelle, qui ait aucun droit » sur son royaume, pour en priver les personnes sa- » crées de nos Rois, ni dispenser ou absoudre leurs » sujets de la fidélité & obéissance qu'ils lui doivent, » pour quelque cause ou prétexte que ce soit.

Art. II. » Tous les sujets, de quelque condition » & qualité qu'ils soient, tiendront cette loi pour sain- » te & véritable, comme conforme à la parole de » Dieu, sans distinction, équivoque, ou limitation » quelconque.

III. » Cette loi sera jurée & signée par tous » les députés des Etats, & dorénavant par tous les » bénéficiers & officiers du royaume, avant que d'en- » trer en possession de leurs bénéfices, & d'être re- » çus en leurs offices.

IV. » Tous précepteurs, régents, docteurs & pré- » dicateurs, tenus de l'enseigner & publier. Que » l'opinion contraire, qu'il soit loisible de tuer &

» déposer nos Rois, s'élever & se rebeller contre eux;
» secouer le joug de leur obéissance pour quelque
» cause que ce soit, est impie, détestable, contre la
» vérité, & contre l'établissement de l'état de la France,
» qui ne dépend immédiatement que de Dieu «.

V. » Tous les livres qui enseignent telle fausse &
» perverse opinion, seront tenus pour séditieux &
» damnables.

VI. » Tous les étrangers qui l'écriront & publie-
» ront, seront regardés & tenus pour ennemis jurés de
» la couronne.

VII. » Tous les sujets de Sa Majesté qui y adhé-
» reront, de quelque qualité & condition qu'ils soient,
» seront tenus pour rebelles, infracteurs des loix
» fondamentales du royaume, & criminels de lèse-
» Majesté au premier chef.

OBSERVATIONS.

Nous croyons servir la cause de la vérité en recommandant ici à toutes les personnes qui voudroient étudier ces questions importantes, un nouvel ouvrage de M. l'abbé *Baruel*, auteur aussi distingué par son érudition, sa saine doctrine & son éloquence, que par son zèle infatigable pour la défense de la religion catholique, dans ces malheureuses circonstances. Cet ouvrage est intitulé : *Question nationale sur l'autorité & sur les droits du peuple dans le gouvernement*, imprimé chez Crapart, Libraire, rue d'Enfer, à Paris.

www.ingramcontent.com/pod-product-compliance
Ingram Content Group UK Ltd.
Pitfield, Milton Keynes, MK11 3LW, UK
UKHW021503260726
13993UKWH00004B/1536